AF234916

Impressum
Verlag: BABADADA GmbH, Nedderfeld 112 , 22529 Hamburg
Geschäftsführer / Verlagsleitung: Harald Hof
Druck: Books on Demand GmbH, In de Tarpen 42, 22848 Norderstedt

Imprint
Publisher: BABADADA GmbH, Nedderfeld 112 , 22529 Hamburg, Germany
Managing Director / Publishing direction: Harald Hof
Print: Books on Demand GmbH, In de Tarpen 42, 22848 Norderstedt, Germany

scol

школа

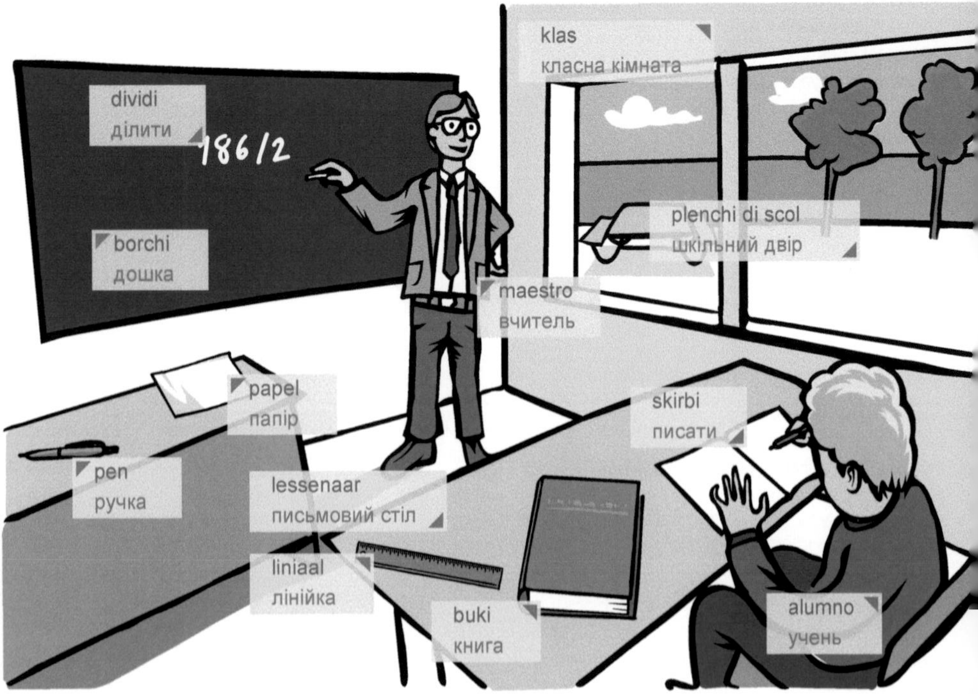
klas
класна кімната
dividi
ділити
186/2
borchi
дошка
plenchi di scol
шкільний двір
maestro
вчитель
papel
папір
skirbi
писати
pen
ручка
lessenaar
письмовий стіл
liniaal
лінійка
buki
книга
alumno
учень

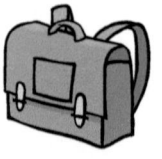

tas di scol

ранець

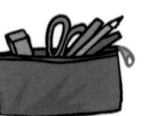

etui

пенал

potlood

олівець

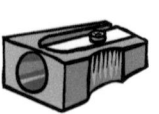

slijper

точило

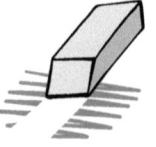

gum

гумка

buki di pinta

альбом для малювання

pintura

малюнок

cuashi

пензель

caha di verf

коробка фарб

sker

ножиці

lijm

клей

schrift

зошит

huiswerk

домашнє завдання

12

number

число

2+2

suma

додавати

5-2

kita

віднімати

2×2

multiplica

множити

conta

рахувати

A

letter

літера

ABCDEFG HIJKLMN OPQRSTU VWXYZ

alfabet

абетка

palabra

слово

texto

текст

lesa

читати

krijt

крейда

les

година

klassenboek

класний журнал

examen

екзамен

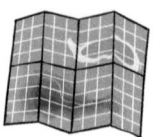

diploma

диплом

uniform di scol

шкільна форма

estudio

освіта

enciclopedia

лексикон

universidad

університет

microscop

мікроскоп

mapa

карта

bari di sushi

кошик для паперу

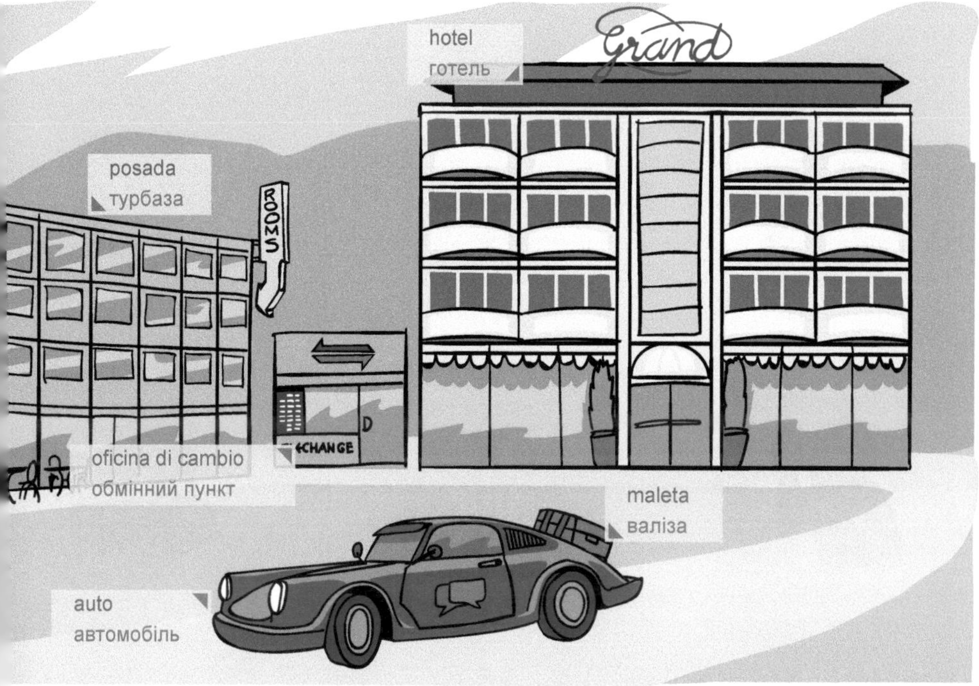

hotel
готель
Grand
posada
турбаза
ROOMS
EXCHANGE
oficina di cambio
обмінний пункт
maleta
валіза
auto
автомобіль

idioma
мова

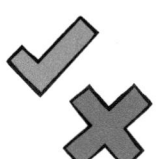

si / no
так / ні

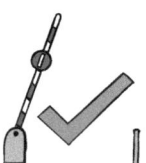

bon
добре

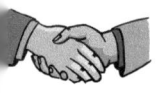

hallo
привіт

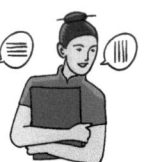

tolk
перекладач

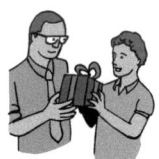

masha danki
дякую

Cuanto esaki ta costa?

Скільки коштує ...?

Mi no ta compronde

Я не розумію

problema

проблема

bon nochi

Добрий вечір!

Bon dia!

Доброго ранку!

Bon nochi!

На добраніч!

ayo

До побачення

direccion

напрямок

maleta

багаж

handbag

сумка

rugtas

рюкзак

huesped

гість

camber

кімната

slaapzak

спальний мішок

tent

намет

formacion pa turista

туристична інформація

lama

пляж

credit card

кредитна картка

desayuno

сніданок

cuminda di merdia

обід

cuminda di anochi

вечеря

carchi

квиток

cabe'i boto

ліфт

stampia

поштова марка

grens

межа

duana

митниця

embahada

посольство

visa

віза

paspoort

паспорт

transport
транспорт

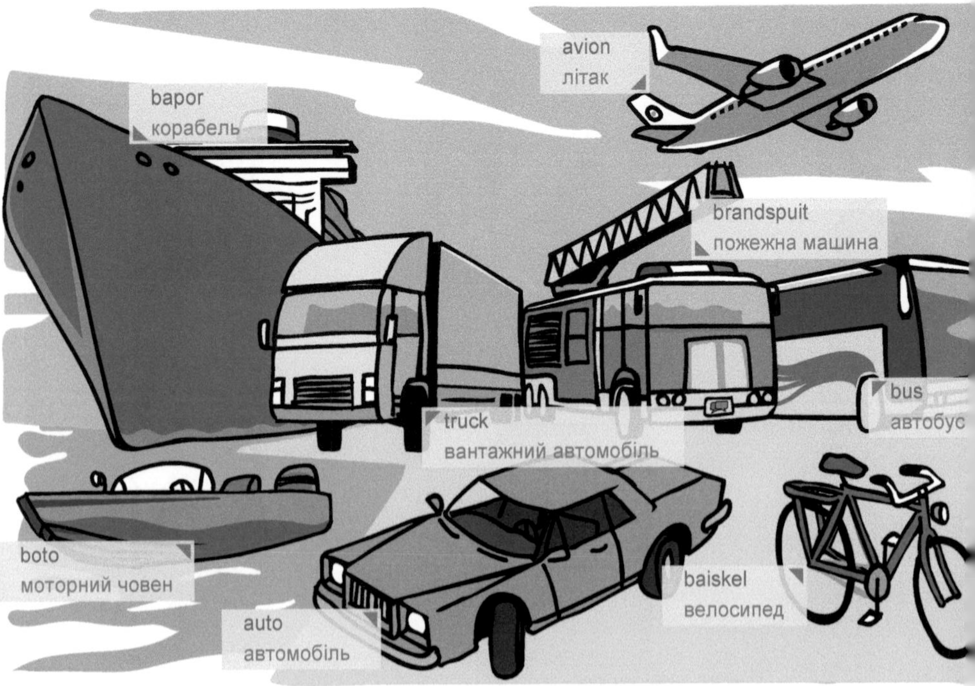
avion
літак
bapor
корабель
brandspuit
пожежна машина
bus
автобус
truck
вантажний автомобіль
boto
моторний човен
baiskel
велосипед
auto
автомобіль

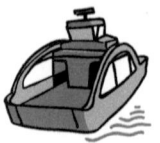

ferry

пором

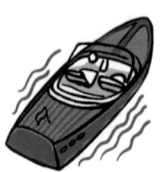

boto

човен

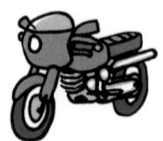

brommer

мотоцикл

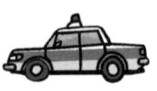

auto di polis

поліцейська машина

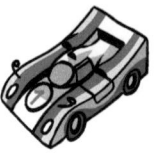

auto di careda

гоночний автомобіль

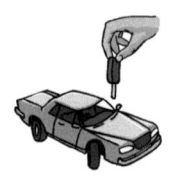

auto di huur

автомобіль на прокат

car sharing

не користування авто

takelwagen

евакуатор

dump truck

сміттєвоз

motor

двигун

gasolin

паливо

pomp di gasolin

автозаправна станція

borchi di trafico

дорожній знак

trafico

рух

fila

затор

parkeerplaats

стоянка

stacion di trein

вокзал

riel

рейки

trein

потяг

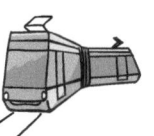

tram

трамвай

wagon

вагон

helicopter

гелікоптер

aeropuerto

аеропорт

toren

вежа

pasahero

пасажир

container

контейнер

caha di carton

коробка

garoshi

візок

macutu

кошик

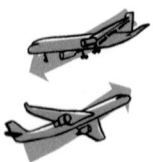

lanta / baha

стартувати / приземлятися

ciudad

місто

pueblo

село

centro di ciudad

центр міста

cas

дім

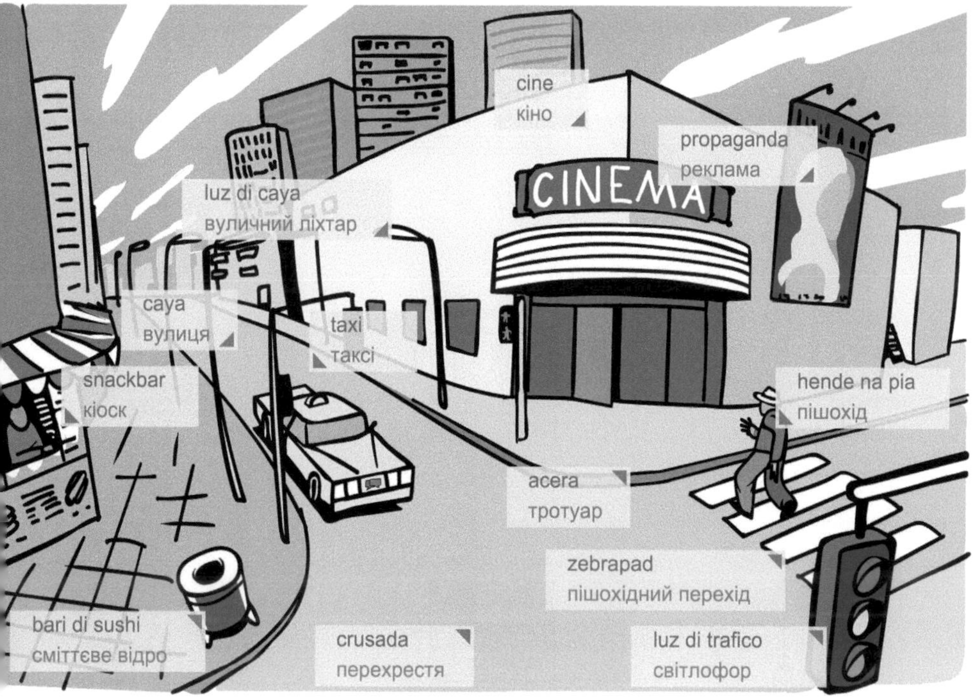

cine
кіно

propaganda
реклама

luz di caya
вуличний ліхтар

CINEMA

caya
вулиця

taxi
таксі

snackbar
кіоск

hende na pia
пішохід

acera
тротуар

zebrapad
пішохідний перехід

bari di sushi
сміттєве відро

crusada
перехрестя

luz di trafico
світлофор

hut

хатина

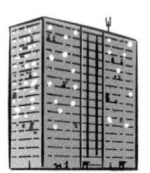

flat

квартира

stacion di trein

вокзал

stadhuis

ратуша

museo

музей

scol

школа

universidad

університет

banco

банк

hospital

лікарня

hotel

готель

botica

аптека

oficina

офіс

boekhandel

книжковий магазин

tienda

магазин

floresteria

квітковий магазин

supermarket

супермаркет

mercado

ринок

department store

універмаг

bendedo di pisca

торговець рибою

shopping center

торговельний центр

haf

гавань

ciudad - місто

park

парк

banki

лава

brug

міст

trapi

сходи

metro

метро

tunnel

тунель

parada di bus

втобусна зупинка

bar

бар

restaurant

ресторан

postbox

оштова скринька

borchi di nomber di caya

вулична табличка

parkeermeter

лічильник паркування

parke di bestia

зоопарк

piscina

басейн

moskee

мечеть

cunucu

ферма

polucion

забруднення навколишнього середовища

santana

кладовище

misa

церква

speelplaats

дитячий майданчик

tempel

храм

paisahe

ландшафт

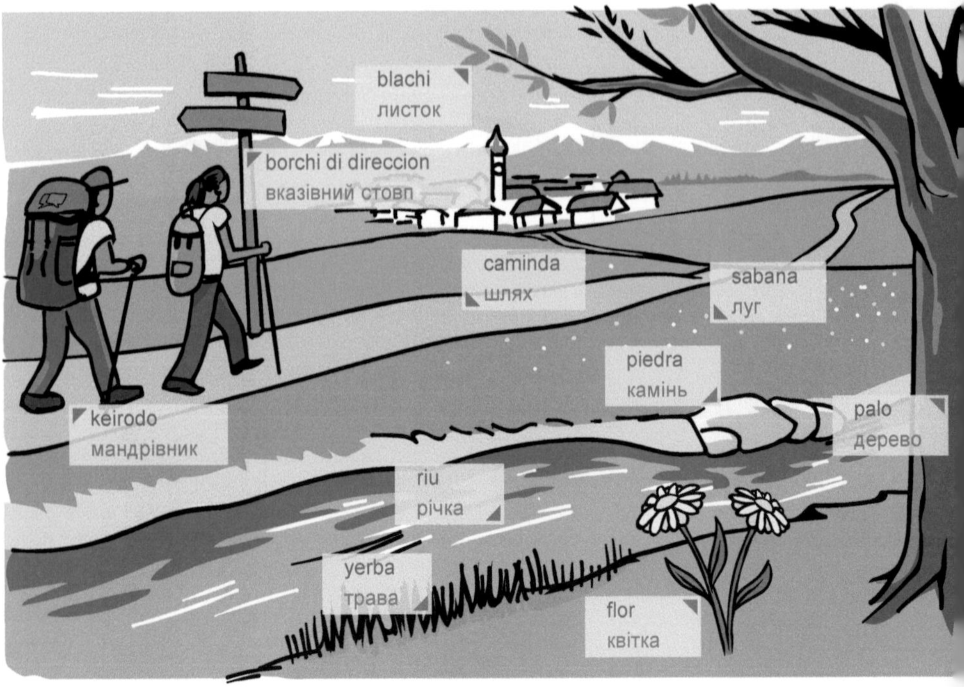

blachi
листок

borchi di direccion
вказівний стовп

caminda
шлях

sabana
луг

piedra
камінь

palo
дерево

keirodo
мандрівник

riu
річка

yerba
трава

flor
квітка

vallei

долина

sero

гора

lago

озеро

mondi

ліс

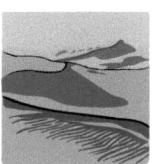

desierto

пустеля

volcan

вулкан

kasteel

замок

arco iris

веселка

paddenstoel

гриб

palma

пальма

sangura

комар

musca

муха

vruminga

мурашка

bij

бджола

haraña

павук

tor

жук

dori

жаба

eekhoorn

вивірка

porcospina

їжак

coneu

заєць

shoco

сова

parha

птах

zwaan

лебідь

porco di mondi

кабан

bina

олень

eland

лось

dam

гребля

molina di biento

вітряк

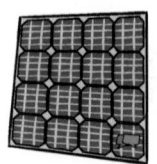

panel solar

сонячний модуль

clima

клімат

paisahe - ландшафт

waiter
офіціант

menu
меню

stoel
стілець

sopi
суп

pizza
піца

paña di mesa
скатертина

bestek
столові прилади

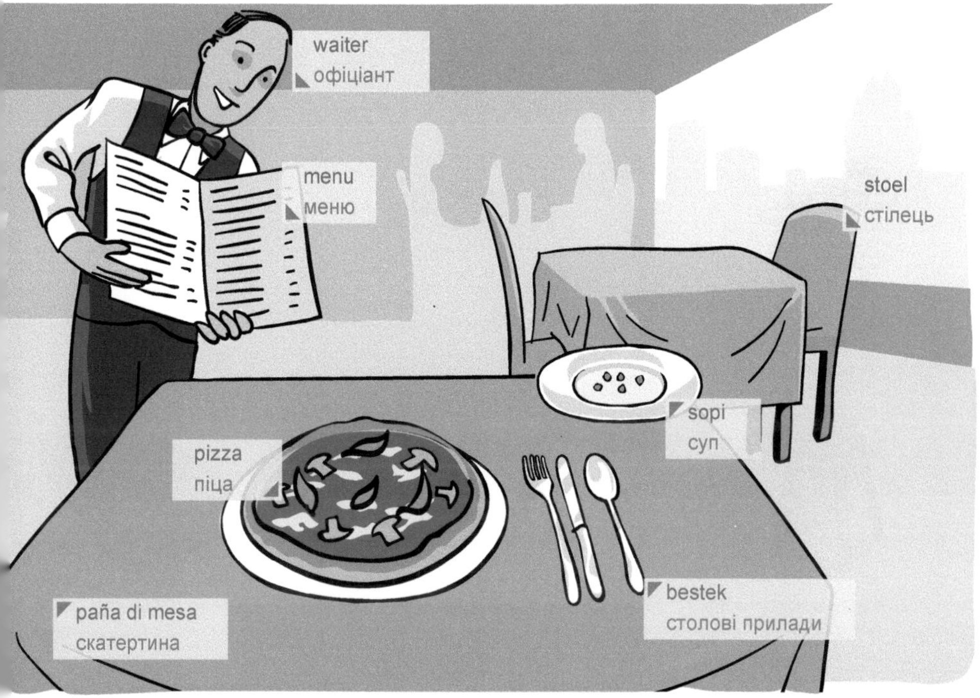

aperitivo
закуска

cuminda principal
друга страва

dessert
десерт

bebida
напої

cuminda
їжа

boter
пляшка

fastfood

фаст-фуд

streetfood

вулична їжа

canica di te

чайник

pochi di sucu

цукорниця

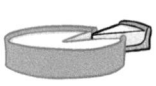

porcion

порція

espressomachine

еспресо-машина

stoel di mucha

високий стільчик

cuenta

рахунок

hasechi

піднос

cuchiu

ніж

forki

вилка

cuchara

ложка

telep

чайна ложка

napkin

серветка

glas

склянка

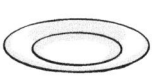

tayo

тарілка

tayo di sopi

тарілка для супу

scoter

блюдце

saus

соус

pochi di salo

солонка

mulina di peper

млин для перцю

binager

оцет

azeta

масло

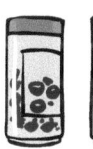

specerij

спеції

ketchup

кетчуп

mosterd

гірчиця

mayonaise

майонез

supermarket
супермаркет

oferta special
пропозиція
FOR
cliente
клієнт
producto lacteo
молочні продукти
fruta
фрукти
garoshi di compra
візок для покупок

BUTCHERS

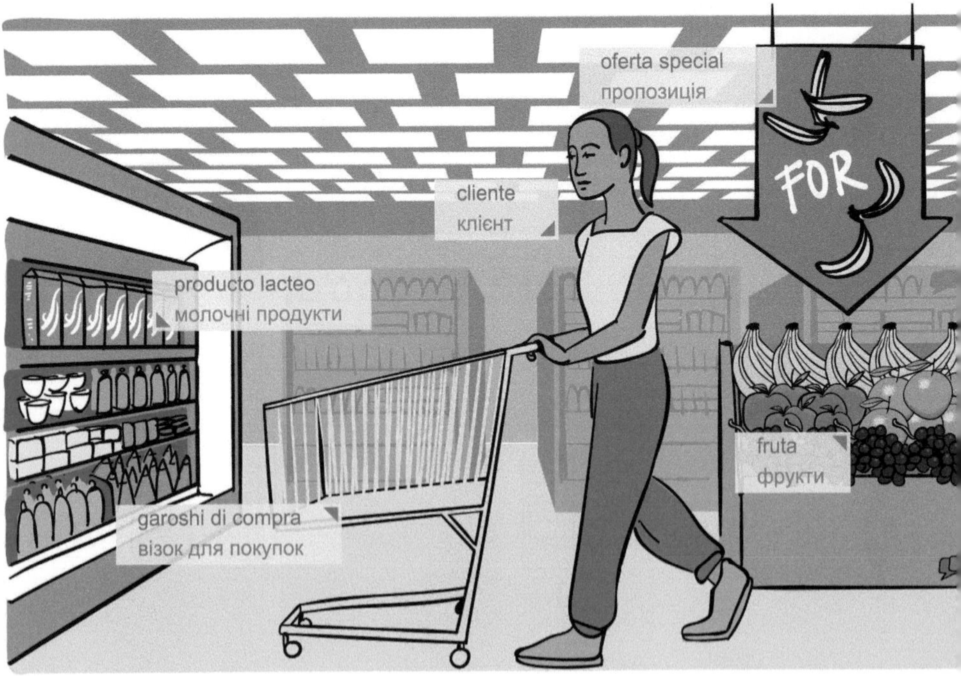

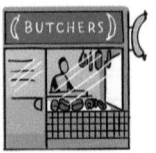

carniceria

м'ясний магазин

BAKERY

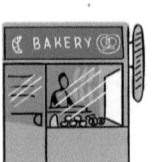

panaderia

пекарня

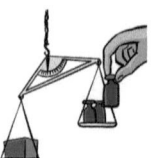

pisa

зважувати

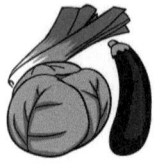

berdura

овочі

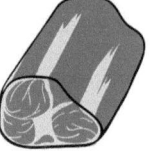

carni

м'ясо

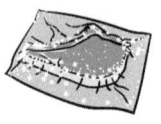

frozen food

заморожені продукти

beleg di carni

ковбасна нарізка

cuminda di bleki

консерви

detergente na puiro

пральний порошок

mangel

солодощі

producto pa cas

предмети домашнього побуту

articulo di limpiesa

мийний засіб

bendedo

продавщиця

cahero

каса

cahero

касир

lista di compra

список покупок

orario

часи роботи

cartera

гаманець

credit card

кредитна картка

tas

сумка

saco di plastic

поліетиленовий пакет

supermarket - супермаркет

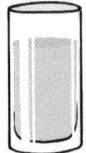

awa

вода

juice

сік

lechi

молоко

cola

кола

biňa

вино

cerbes

пиво

alcohol

алкоголь

chocomel

какао

te

чай

koffie

кава

espresso

еспресо

cappuccino

капучіно

bacoba

банан

appel

яблуко

apelsina

апельсин

milon

кавун

lamunchi

лимон

wortel

морква

conoflok

часник

bambu

бамбук

siboyo

цибуля

mushroom

гриб

noot

горішки

pasta

локшина

spaghetti

спагеті

aros

рис

salada

салат

batata hasa

картопля фрі

batata hasa

смажена картопля

pizza

піца

hamburger

гамбургер

sandwich

бутерброд

cutlet

шніцель

ham

шинка

salami

салямі

soseishi

ковбаса

galiña

курка

hasa

печеня

pisca

риба

papa

вівсяні пластівці

müsli

мюслі

cornflakes

кукурудзяні пластівці

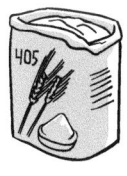

hariña

борошно

croissant

круасан

pan rondo

булочка

pan

хліб

toast

тостовий хліб

cuki

печиво

manteca

масло

kwark

сир

bolo

пиріг

webo

яйце

webo hasa

яєчня

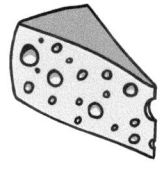

keshi

сир

ijscream

морозиво

sucu

цукор

honing

мед

jam

мармелад

pasta di chuculati

нуга-крем

curry

карі

cunucu

ферма

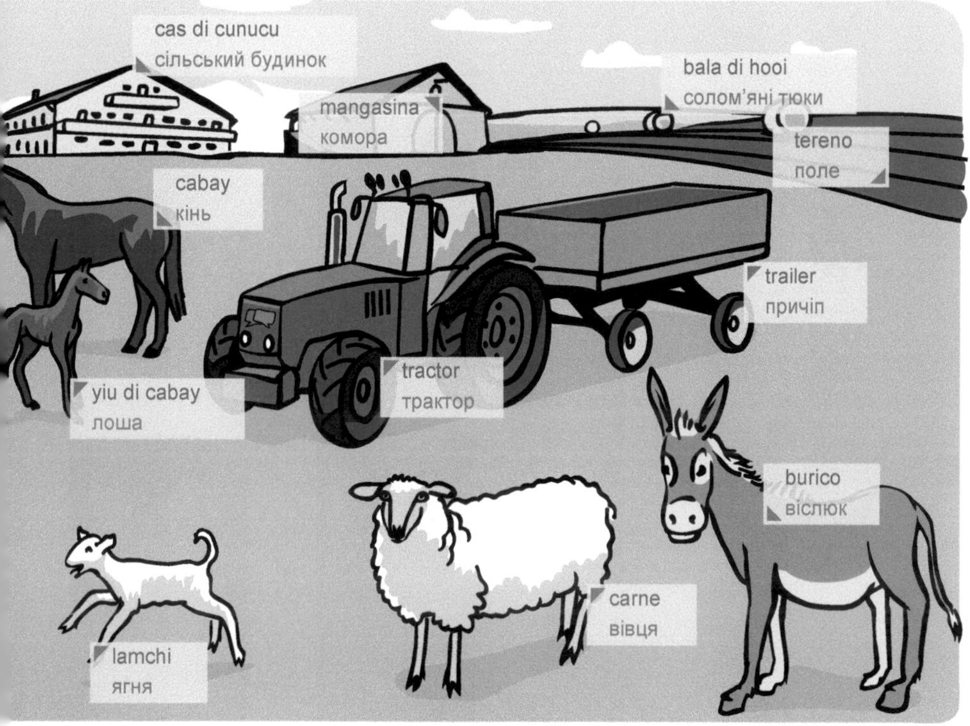
cas di cunucu
сільський будинок
bala di hooi
солом'яні тюки
mangasina
комора
tereno
поле
cabay
кінь
trailer
причіп
tractor
трактор
yiu di cabay
лоша
burico
віслюк
carne
вівця
lamchi
ягня

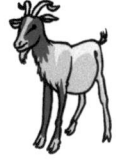

cabrito

коза

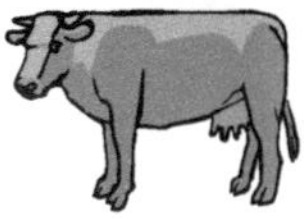

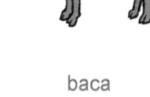

baca

корова

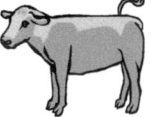

bishe

теля

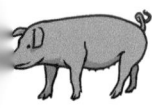

porco

свиня

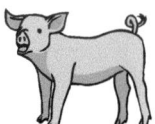

yiu di porco

порося

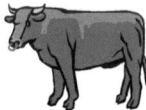

toro

бик

gans

гусак

pato

качка

puyito

курча

galiña

курка

gay

півень

djaca

щур

pushi

кіт

raton

миша

toro

віл

cacho

собака

cas di cacho

собача будка

slang pa muha mata

садовий шланг

gieter

лійка

herment pa corta yerbe

коса

ploeg

плуг

garabati

серп

chapi

мотика

forki pa coy hooi

вила

hacha

сокира

garetia

тачка

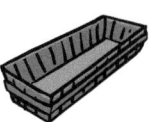

pesebre

корито

canica di lechi

бідон молока

saco

мішок

heki

паркан

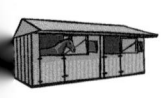

stal

хлів

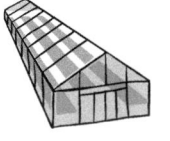

greenhouse

теплиця

suela

ґрунт

simia

насіння

mest

добриво

mashin di cosecha

комбайн

cosecha

пожинати

cosecha

урожай

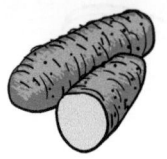

yams

корінь ямсу

trigo

пшениця

soya

соя

batata

картопля

maishi

кукурудза

canola

ріпак

palo di fruta

плодове дерево

yuca

маніок

grano

злаки

cas

дім

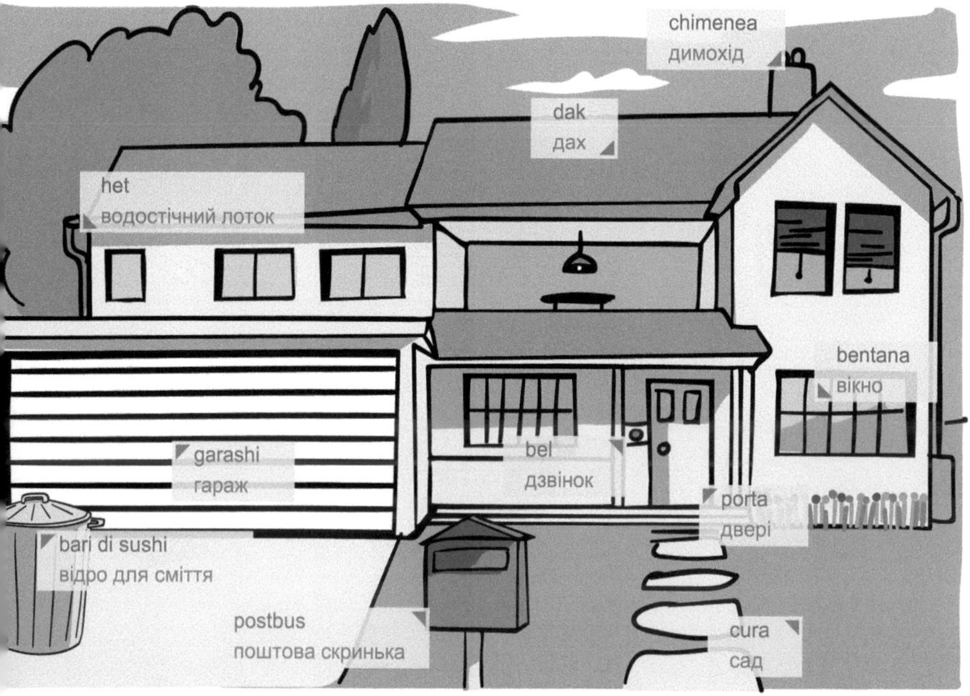
chimenea
димохід
dak
дах
het
водостічний лоток
bentana
вікно
garashi
гараж
bel
дзвінок
porta
двері
bari di sushi
відро для сміття
postbus
поштова скринька
cura
сад

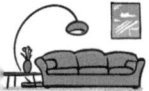

sala

вітальня

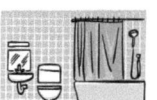

baño

ванна кімната

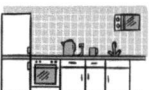

cushina

кухня

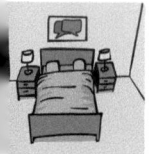

camber

спальня

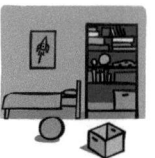

camber di mucha

дитяча кімната

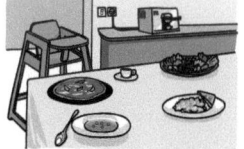

comedo

їдальня

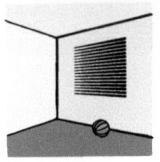

suela

підлога

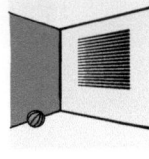

muraya

стіна

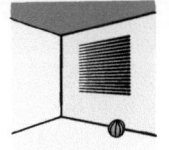

blafon

стеля

bodega

підвал

sauna

сауна

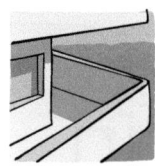

balcon

балкон

terasa

тераса

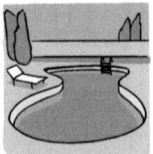

piscina

басейн

mashin di corta yerba

косарка

laken

простирало

bedsprei

ковдра

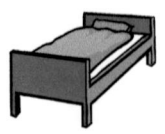

cama

ліжко

basora

мітла

hemchi

відро

switch

перемикач

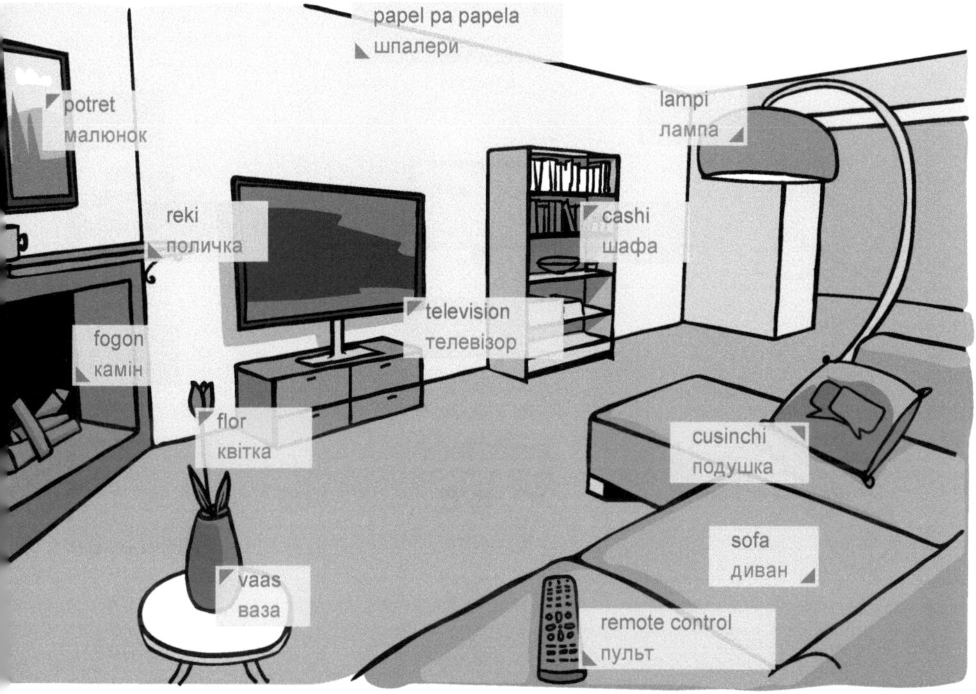

papel pa papela
шпалери

potret
малюнок

lampi
лампа

reki
поличка

cashi
шафа

fogon
камін

television
телевізор

flor
квітка

cusinchi
подушка

sofa
диван

vaas
ваза

remote control
пульт

tapijt
килим

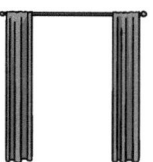

cortina
завіса

mesa
стіл

stoel
стілець

stoel di zoya
крісло-гойдалка

stoel
крісло

buki

книга

dekel

ковдра

decoracion

прикраса

palo pa kima

дрова

film

фільм

stereoset

стереосистема

yabi

ключ

corant

газета

cuadra

картина

poster

плакат

radio

радіо

blocnote

блокнот

stofzuiger

пилосос

cadushi

кактус

bela

свічка

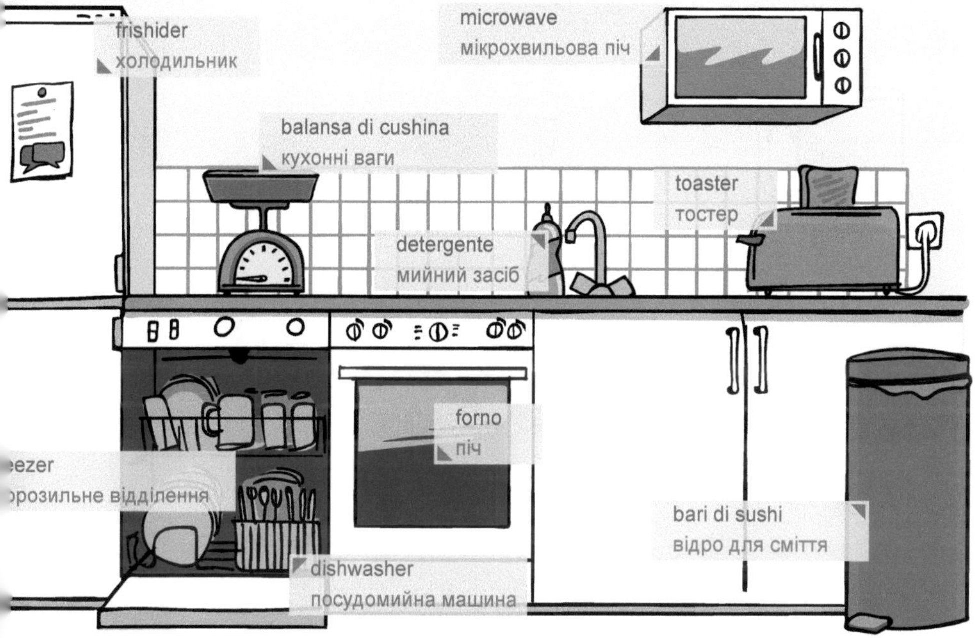

frishider
холодильник

microwave
мікрохвильова піч

balansa di cushina
кухонні ваги

detergente
мийний засіб

toaster
тостер

forno
піч

eezer
орозильне відділення

bari di sushi
відро для сміття

dishwasher
посудомийна машина

stoof

плита

wea

горщик

wea di hero

чавунний горщик

wok

вок / кадай

planchi

сковорода

ketel

чайник

steamer

пароварка

teblachi pa horna

лист

servies

посуд

beker

кухоль

conchi

чаша

chopstick

палички для їжі

cuchara di sopi

черпак

spatula

лопатка

garde

вінчик для збивання

scurido

сито

colado

сито

raspa

терка

fenso

ступка

barbecue

барбекю

candela

багаття

planki pa corta

дошка

rostok

качалка

kurkentrek

штопор

bleki

конзерва

cos di habri bleki

відкривачка

pannenlap

прихватки

wasbak

раковина

skeiro

щітка

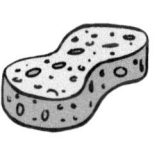

spons

губка

blender

міксер

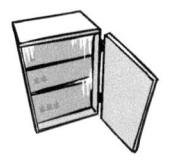

freezer

морозильна камера

tetero

дитяча пляшка

cranchi

кран

baño

ванна кімната

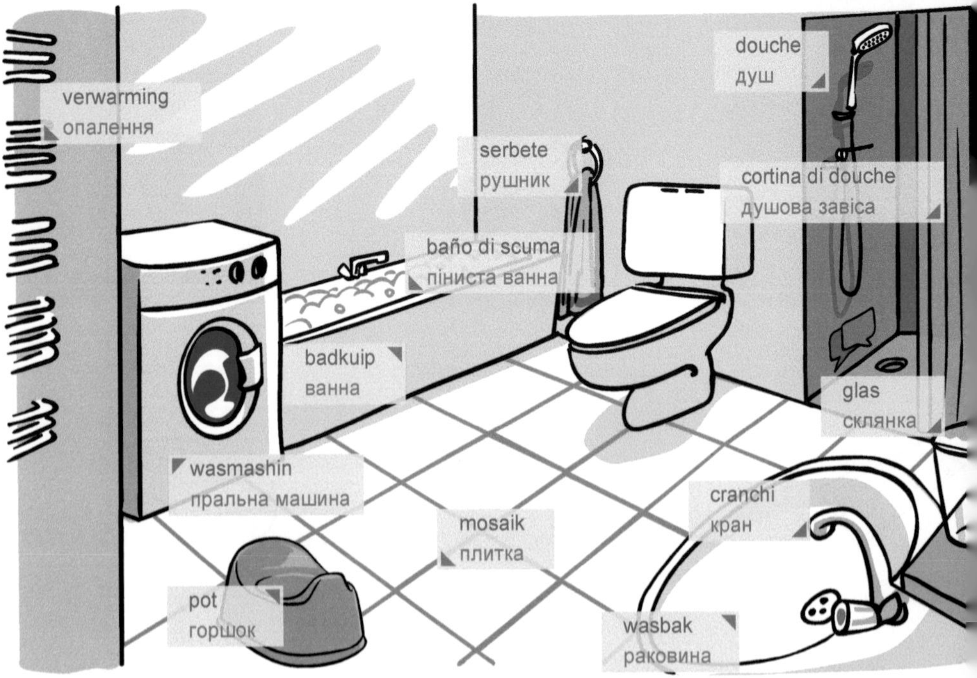
douche
душ
verwarming
опалення
serbete
рушник
cortina di douche
душова завіса
baño di scuma
пiниста ванна
badkuip
ванна
glas
склянка
wasmashin
пральна машина
cranchi
кран
mosaik
плитка
pot
горшок
wasbak
раковина

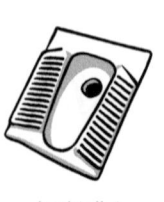

tualet

туалет

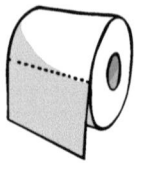

hurktoilet

підлоговий туалет

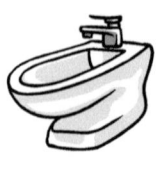

bidet

біде

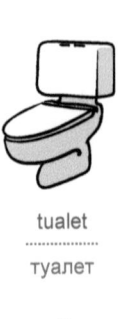

urinal

пісуар

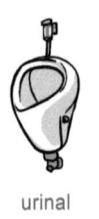

papel di w.c.

туалетний папір

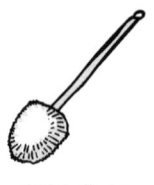

skeiro di w.c.

щітка для туалету

skeiro di djente

зубна щітка

pasta di djente

зубна паста

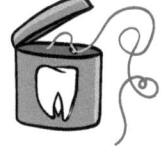

dental floss

нитка для чищення зубів

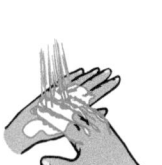

laba

мити

douche di man

ручний душ

bidet

інтимний душ

tobo

таз

skeiro

щітка для спини

habon

мило

shower gel

гель для душу

shampoo

шампунь

washandje

мочалка

drain

водостік

crema

крем

desodorante

дезодорант

spiel

дзеркало

spiel di man

косметичне дзеркало

blet

бритва

shaving foam

піна для гоління

aftershave

лосьйон після гоління

peña

гребінь

skeiro

щітка

blower

фен

spray pa cabey

лак для волосся

makeup

косметика

lipstick

губна помада

cos di pinta huña

лак для нігтів

catuna

вата

sker pa corta huña

ножиці для нігтів

perfume

парфум

tas

косметичка

kruk

табурет

balansa

ваги

bata

халат

handschoen

гумові рукавички

tampon

тампон

kotex

ієнічні прокладки

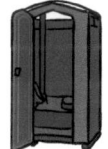

wc kimico

біотуалет

camber di mucha

дитяча кімната

wekker
будильник
peluche
м'яка іграшка
auto di hunga
іграшковий автомобіль
maraca
брязкальце
cas di popchi
ляльковий будиночок
regalo
подарунок

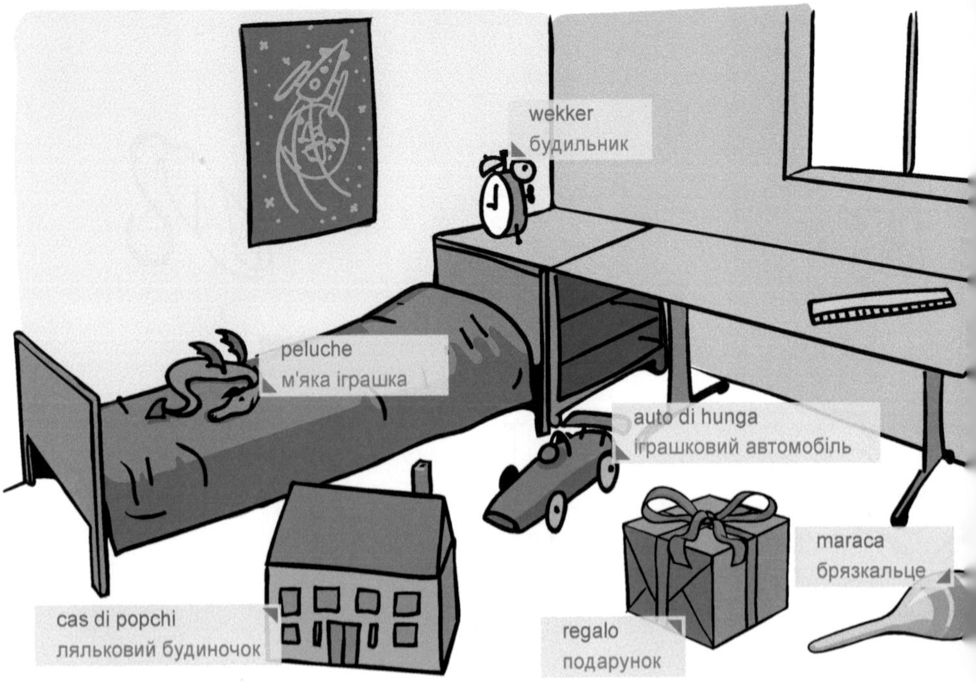

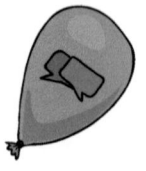

blaas

повітряна кулька

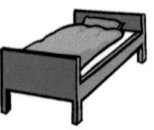

cama

ліжко

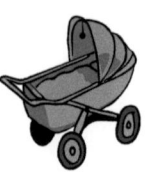

stroller

дитячий візок

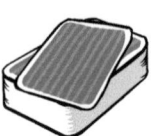

baraha di carta

картярська гра

puzzel

пазл

SUPER MEGA

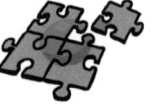

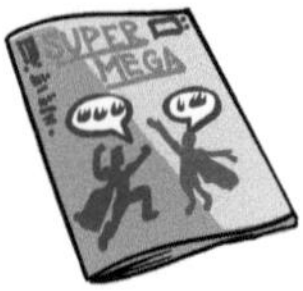

comic

комікс

lego

лего цеглинки

bloki di hunga

блоки

figura di accion

іграшкова фігурка

romper

повзунки

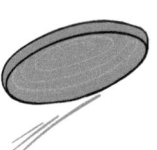

frisbee

фризбі

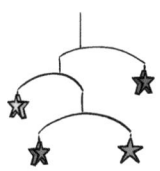

mobil

мобіле

wega di mesa

настільна гра

dou

кубик

set di trein

модель залізнична станція

chupon

соска

fiesta

вечірка

buki di prenchi

книжка з картинками

bala

м'яч

popchi

лялька

hunga

грати

zandbak

пісочниця

zoya

гойдалка

cos di hunga

іграшка

videogame

гральна консоль

tricycle

триколісний велосипед

beer

плюшевий мішка

cashi di paña

шафа

paña

одяг

mea

шкарпетки

mea

панчохи

pantyhose

колготки

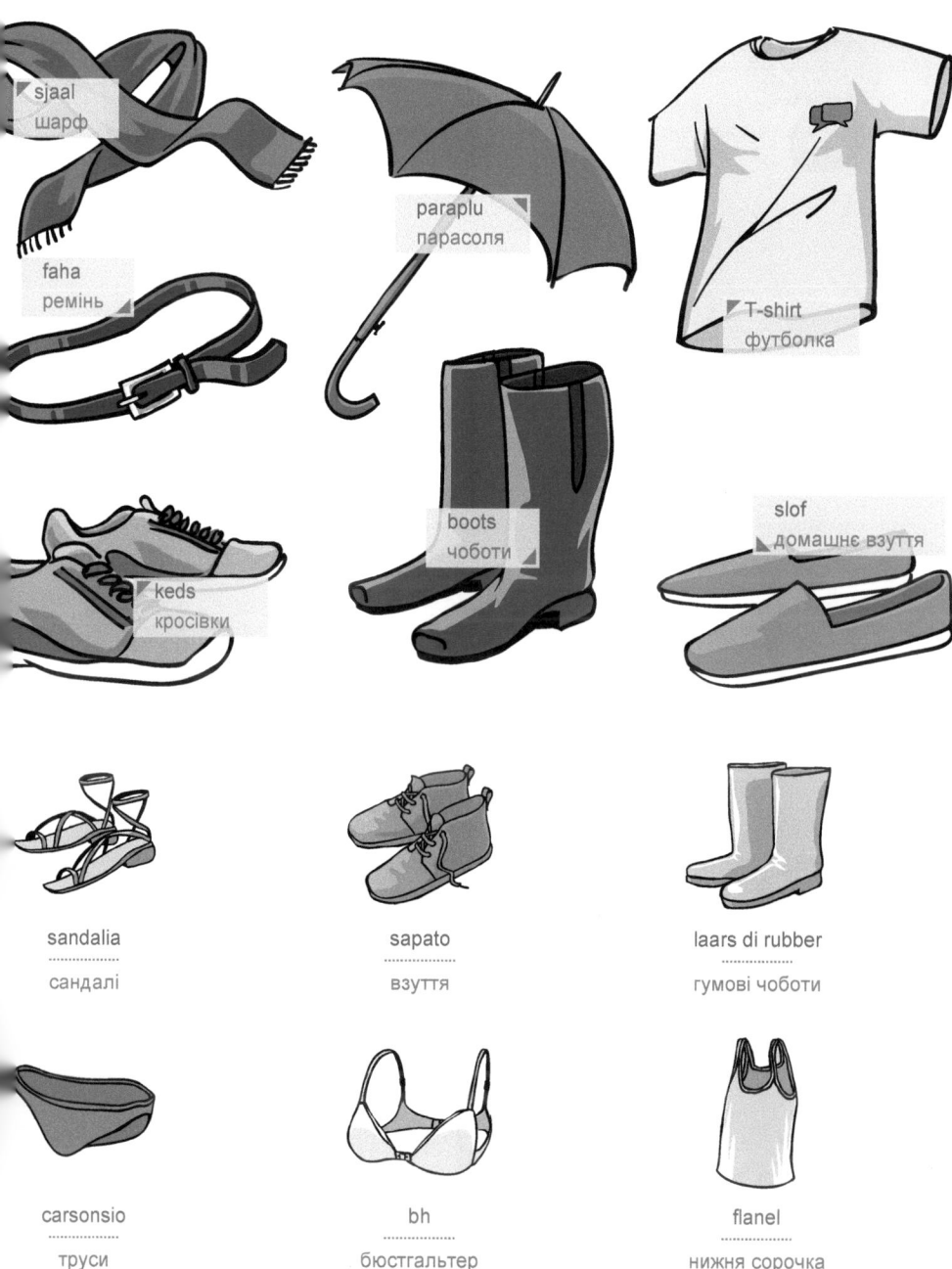

sjaal
шарф

faha
ремінь

paraplu
парасоля

T-shirt
футболка

boots
чоботи

slof
домашнє взуття

keds
кросівки

sandalia
сандалі

sapato
взуття

laars di rubber
гумові чоботи

carsonsio
труси

bh
бюстгальтер

flanel
нижня сорочка

body

боді

carson

штани

jeans

джинси

saya

спідниця

blusa

блузка

camisa

сорочка

sweater

пуловер

sweater

светр

blazer

піджак

jacket

куртка

jas

пальто

regenjas

дощовик

flus

костюм

shimis

сукня

shimis di bruid

весільна сукня

flus

костюм

yapon

нічна сорочка

pidjama

піжама

sari

сарі

lenso di cabes

головна хустка

turban

чалма

burqa

бурка

kaftan

кафтан

abaya

абая

zwempak

купальник

zwembroek

плавки

carson cortico

шорти

trainingspak

тренувальний костюм

lantera

фартух

handschoen

рукавички

boton

гудзик

bril

окуляри

armband

браслет

cadena

ланцюг

renchi

кільце

renchi di horea

сережка

pechi

шапка

kapstok

плічка

sombre

капелюх

dashi

краватка

ziper

застібка-блискавка

helm

шолом

guiel

підтяжки

uniform di scol

шкільна форма

uniform

уніформа

babado

нагрудник

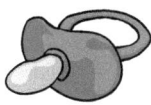

chupon

соска

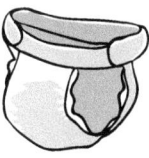

bruki

підгузок

oficina

офіс

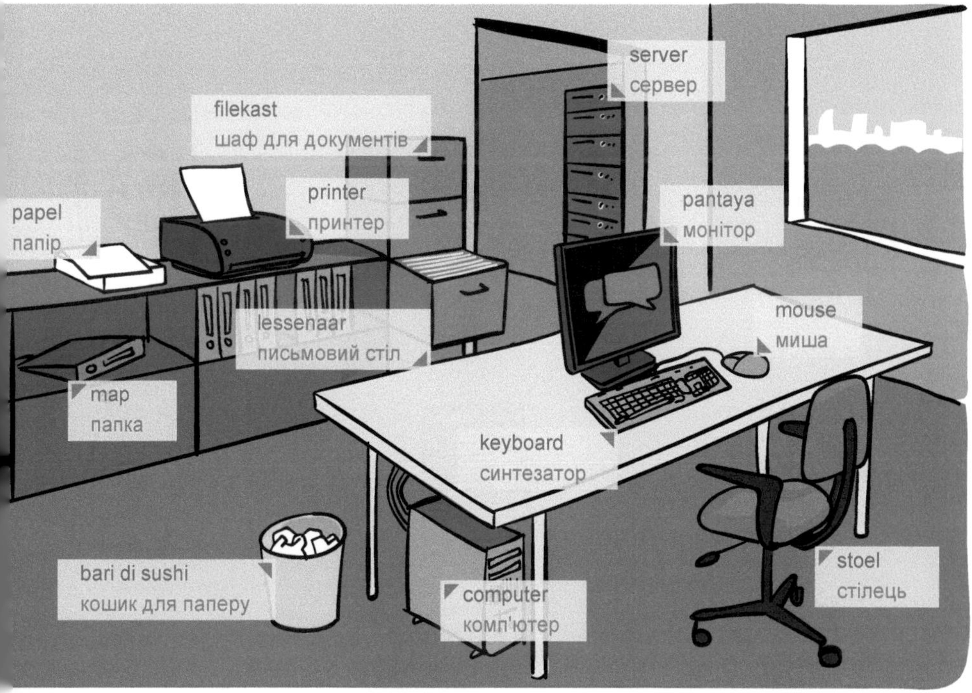

server
сервер

filekast
шаф для документів

papel
папір

printer
принтер

pantaya
монітор

mouse
миша

lessenaar
письмовий стіл

map
папка

keyboard
синтезатор

bari di sushi
кошик для паперу

computer
комп'ютер

stoel
стілець

pi pa bebe koffie

авовий кухоль

calculator

калькулятор

internet

інтернет

laptop

ноутбук

carta

лист

mensahe

повідомлення

celular

мобільний телефон

red

мережа

mashin di copia

копіювальний пристрій

software

програмне забезпечення

telefon

телефон

stopcontact

розетка

fax mashin

факс

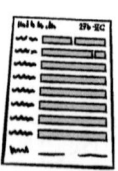

formulario

бланк

documento

документ

cumpra

купувати

paga

платити

negosha

торгувати

placa

гроші

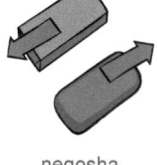

dollar

долар

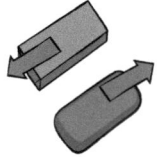

euro

євро

yen

ієна

roebel

рубль

frank suiso

франк

yuan renminbi

анів женьміньбі

roepi

рупія

bancomatico

банкомат

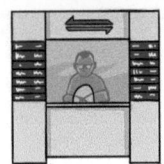

oficina di cambio

обмінний пункт

oro

золото

plata

срібло

azeta

нафта

energia

енергія

prijs

ціна

contract

контракт

impuesto

податок

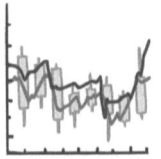

share

акція

traha

працювати

empleado

працівник

dunado di trabou

роботодавець

fabrica

фабрика

tienda

магазин

agente policial
поліцейський

bombero
пожежник

coki
повар

dokter
лікар

piloto
пілот

hardinero
....
садівник

carpinte
....
столяр

cosedo
....
швачка

hues
....
суддя

kimico
....
хімік

actor
....
актор

chauffeur di bus

водій автобуса

chauffeur di taxi

таксист

piscado

рибалка

hende cu ta haci cas limpi

прибиральниця

drechado di dak

покрівельник

waiter

офіціант

jaagdo

мисливець

verfdo

художник

panadero

пекар

electricista

електрик

trahado den construccion

будівельник

ingeniero

інженер

carnicero

забійник

loodgieter

бляхар

partido di carta

листоноша

solda

солдат

arkitecto

архітектор

cahero

касир

florista

флорист

pelukero / pelukera

перукар

controlado di ticket

кондуктор

mecanico

механік

capitan

капітан

dentista

дантист

cientifico

вчений

rabbi

рабин

imam

імам

monk

монах

pastor

пастор

herment

інструменти

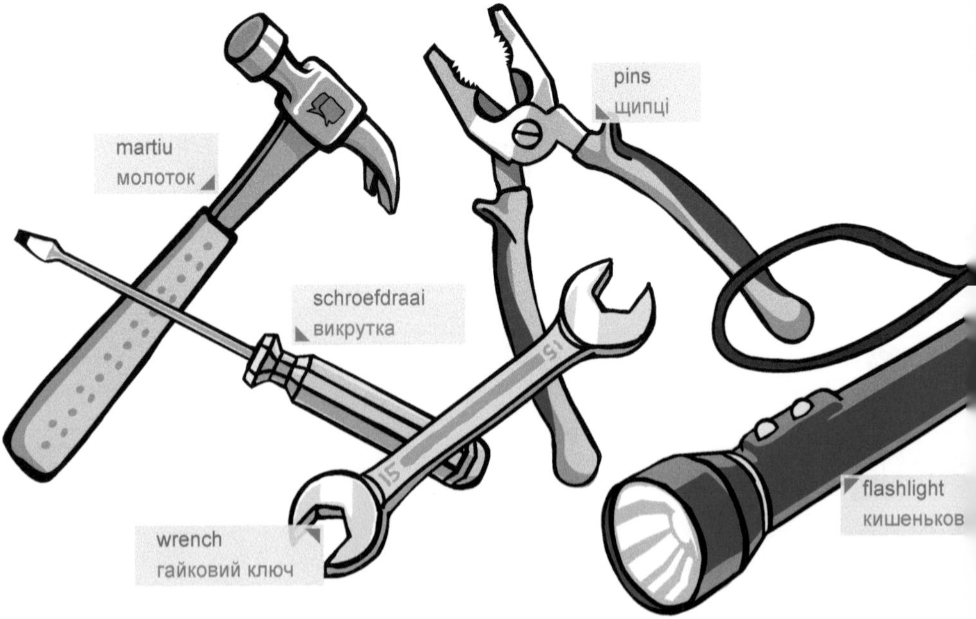
martiu
молоток
pins
щипці
schroefdraai
викрутка
flashlight
кишеньков
wrench
гайковий ключ

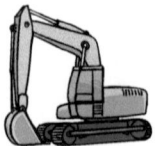

bulldozer

екскаватор

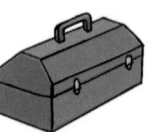

caha di herment

ящик для інструментів

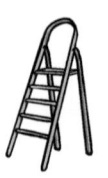

trapi

драбина

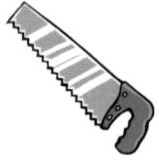

zaag

пилка

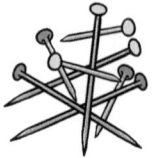

clabo

цвяхи

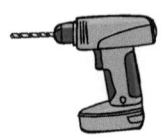

boormashin

свердло

drecha

ремонтувати

shobel

лопата

caraho!

лайно!

scop

совок

bleki di verf

відро з фарбою

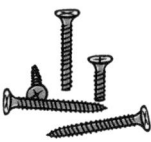

schroef

гвинти

instrumento musical
музичні інструменти

speaker
динамік

drumset
ударна установка

guitara
гітара

contrabaho
контрабас

trompet
труба

piano

фортепіано

fio

скрипка

baho

бас

timbal

литаври

tambu

барабан

keyboard

клавіатура

saxofon

саксофон

fluit

флейта

microfon

мікрофон

parke di bestia

зоопарк

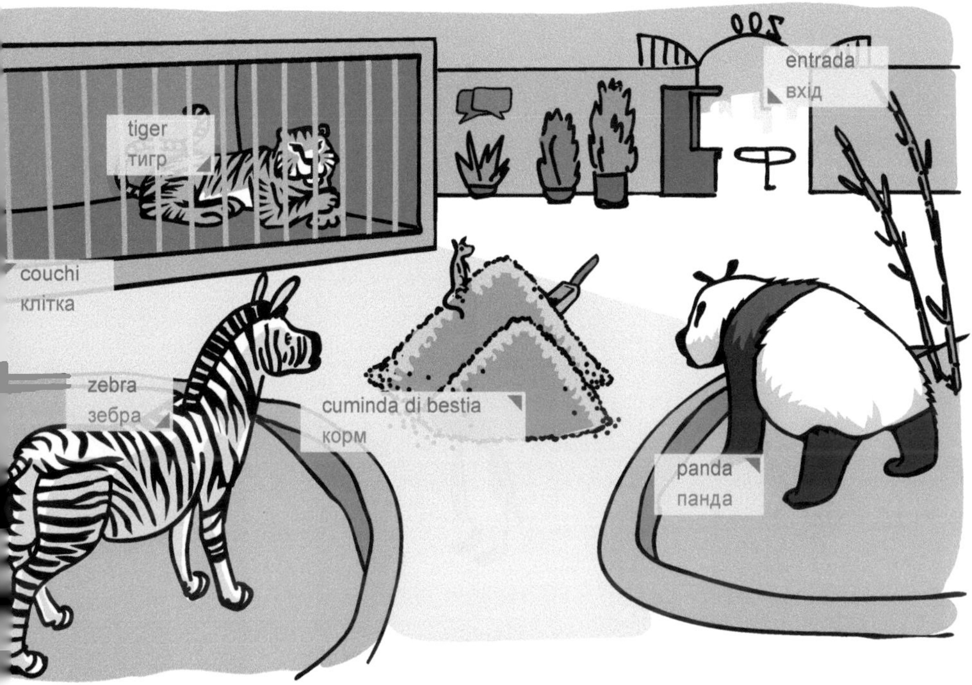

entrada
вхід
tiger
тигр
couchi
клітка
zebra
зебра
cuminda di bestia
корм
panda
панда

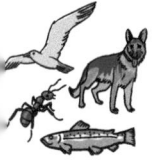

animal
тварини

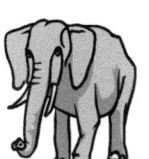

olifante
слон

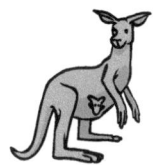

cangaru
кенгуру

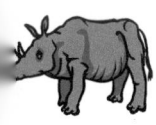

neushoorn
носоріг

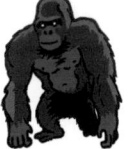

gorila
горила

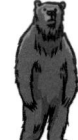

beer
ведмідь

camel

верблюд

avestruz

страус

leon

лев

macaco

мавпа

flamingo

фламінго

lora

папуга

beer polar

білий ведмідь

pinguin

пінгвін

tribon

акула

pauwies

павич

colebra

змія

caiman

крокодил

cuidado di bestia

працівник зоопарку

cacho di awa

тюлень

jaguar

ягуар

parke di bestia - зоопарк

pony

понí

leopardo

леопард

hipopotamo

гіпопотам

giraf

жираф

aguila

орел

porco di mondi

кабан

pisca

риба

turtuga

черепаха

walrus

морж

vos

лисиця

gazelle

газель

futbol Americano
американський футбол

ciclismo
їзда на велосипеді

tennis
теніс

basketball
баскетбол

landamento
плавання

boxeo
бокс

ice hockey
хокей

futbol
футбол

badminton
бадмінтон

atletismo
легка атлетика

handbal
гандбол

ski
лижні перегони

polo
поло

hari
сміятися

la
рибати

brasa
обіймати

cana
йти

canta
співати

soña
мріяти

resa
молитися

sunchi
цілувати

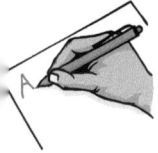

skirbi
....
писати

pinta
....
малювати

mustra
....
показувати

primi
....
тиснути

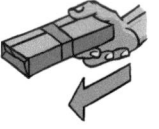

duna
....
давати

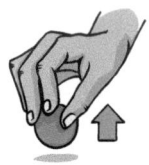

coy
....
брати

tin

мати

haci

робити

ta

бути

para

стояти

core

бігати

ranca

тягнути

tira

кидати

cay

падати

drumi

лежати

warda

очікувати

carga

носити

sinta

сидіти

bisti

одягати

drumi

спати

lanta fo'i soño

просипатися

mira

дивитися

yora

плакати

caricia

гладити

peña

розчісувати

papia

розмовляти

compronde

розуміти

puntra

питати

scucha

слухати

bebe

пити

come

їсти

ruim op

прибирати

stima

любити

cushna

варити

bai

їхати

bula

літати

actividad - дії

zeilo

йти під вітрилом

conta

рахувати

lesa

читати

siña

вчитися

traha

працювати

casa

одружуватися

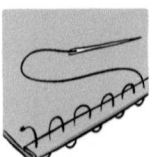

cose

шити

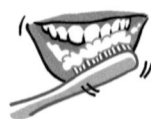

skeiro djente

чистити зуби

mata

убивати

huma

курити

manda

посилати

famia

сім'я

wela
бабуся
welo
дідуся
tata
батько
mama
мати
baby
немовля
yiu muhe
донька
yiu homber
син

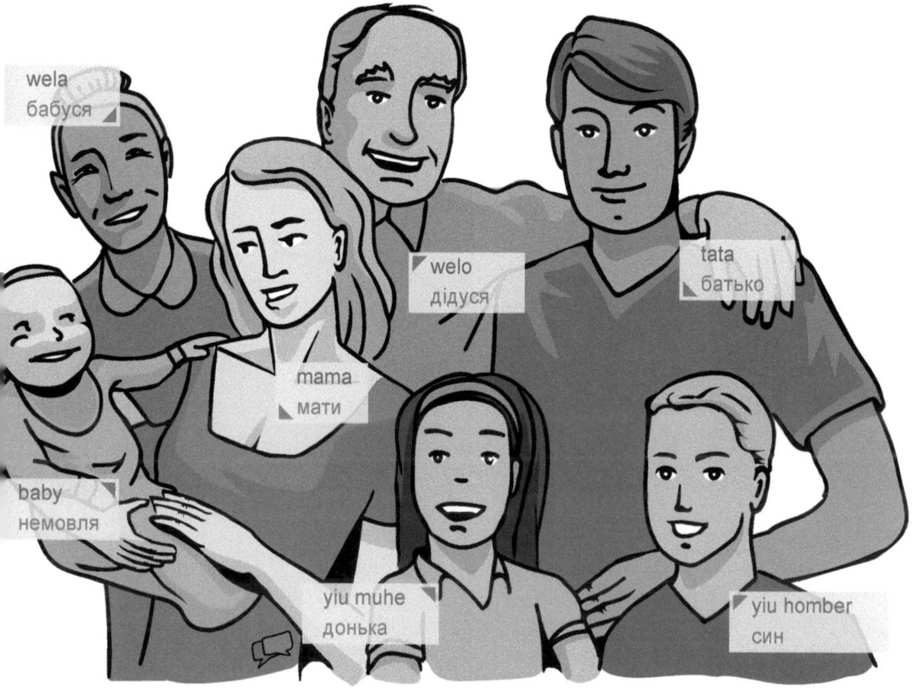

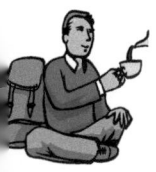

huesped

гість

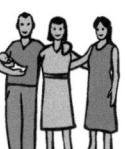

tanta

тітка

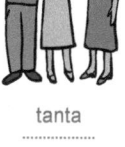

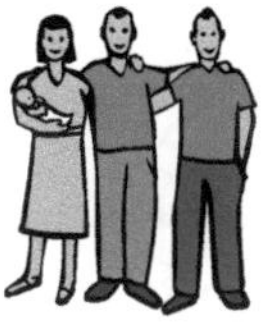

omo

дядько

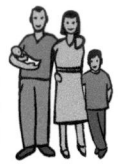

ruman homber

брат

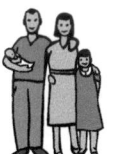

ruman muhe

сестра

curpa

тіло

frenta
чоло
wowo
око
schouder
плече
dede
палець
cara
обличчя
cachete
підборіддя
man
кисть
pia
нога
pecho
груди
brasa
рука

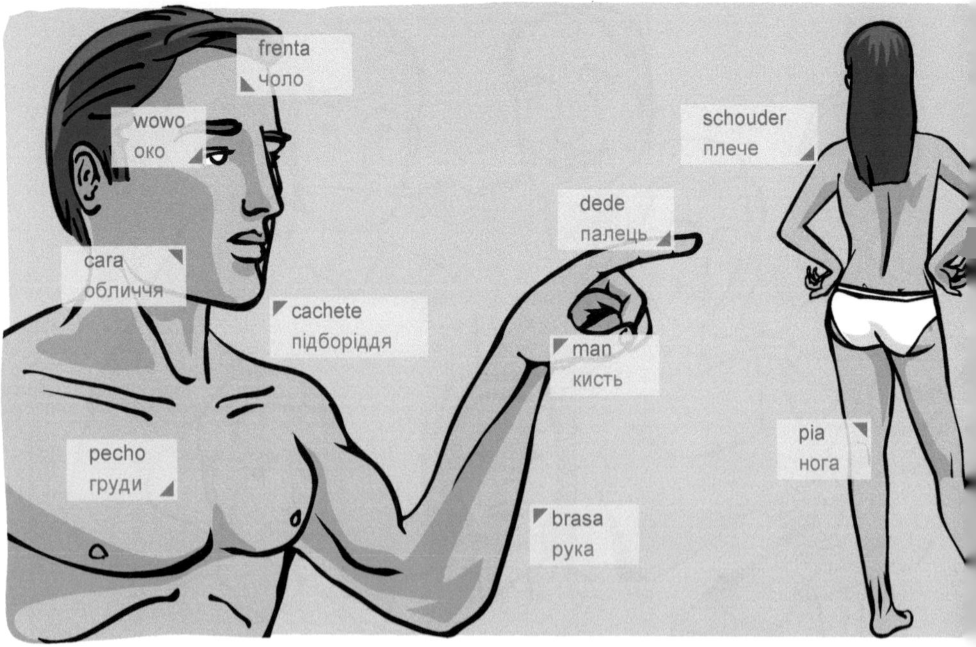

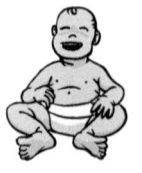

baby
немовля

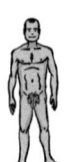

homber
чоловік

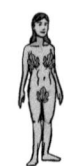

muhe
жінка

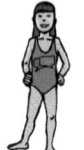

mucha muhe
дівчина

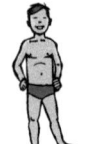

mucha homber
хлопчик

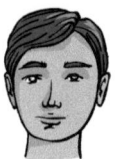

cabes
голова

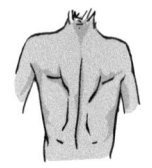

lomba

спина

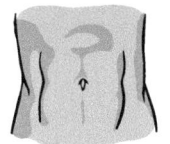

bariga

живіт

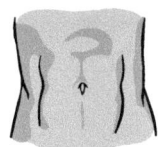

lombrishi

пуп

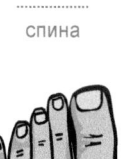

dede di pia

палець ноги

hilchi

п'ята

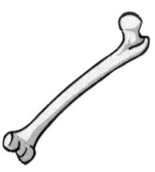

weso

кістка

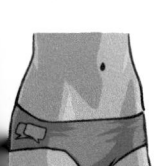

heup

стегно

rudia

коліно

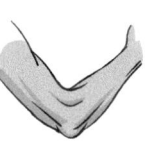

elleboog

лікоть

nanishi

ніс

chanchan

сідниці

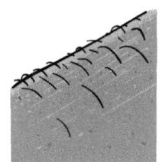

cuero

шкіра

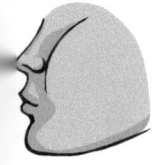

wang

щока

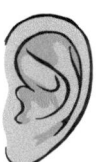

horea

вухо

lip

губа

boca

рот

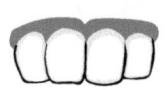

djente

зуб

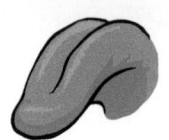

lenga

язик

celebro

мозок

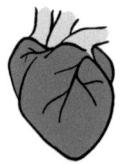

curason

серце

musculo

м'яз

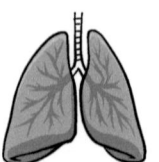

pulmon

легені

higra

печінка

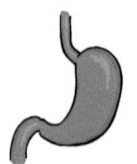

stoma

шлунок

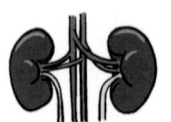

nier

нирки

sex

статевий акт

condon

презерватив

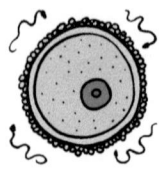

ovulo

яйцеклітина

sperma

сперма

embaraso

вагітність

curpa - тіло

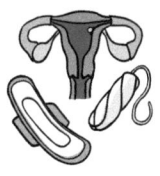

menstruacion

менструація

vagina

вагіна

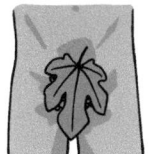

penis

пеніс

wenkbrauw

брова

cabey

волосся

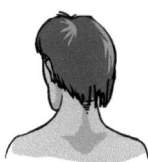

nek

шия

hospital
лікарня

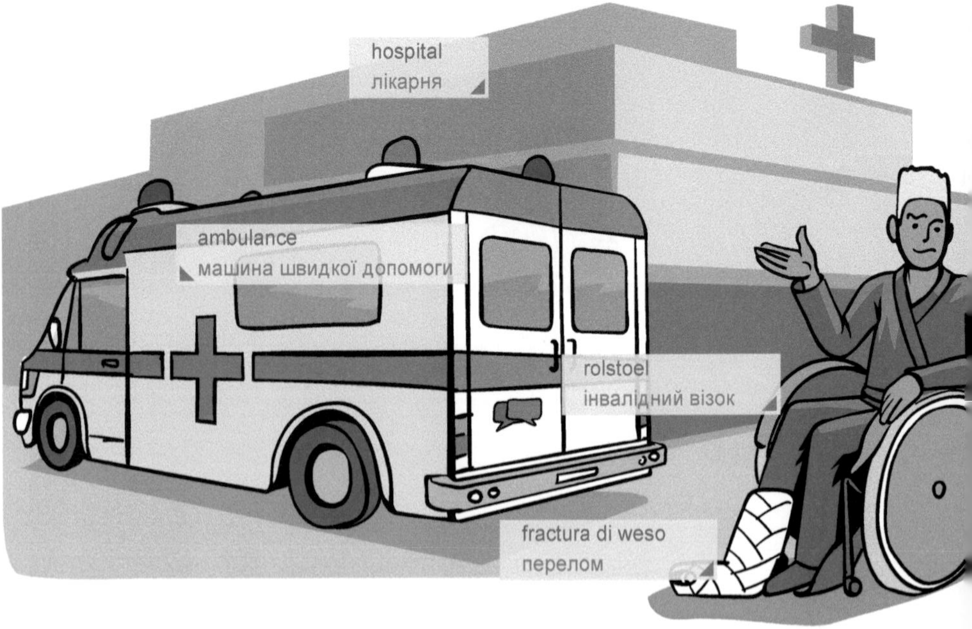

hospital
лікарня
ambulance
машина швидкої допомоги
rolstoel
інвалідний візок
fractura di weso
перелом

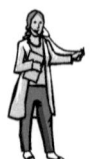

dokter

лікар

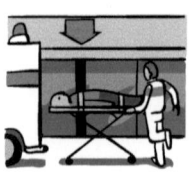

EHBO (prome asistencia/eerste hulp)

відділення швидкої медичної допомоги

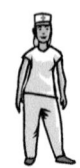

nurse

медсестра

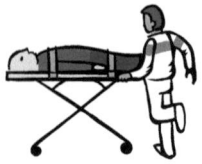

caso di emergencia

аварійний випадок

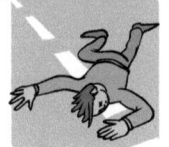

fo'i tino

непритомний

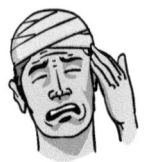

dolor

біль

lesion

травма

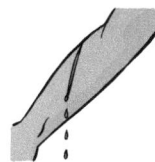

sangramento

кровотеча

ataca di curason

інфаркт

ataca celebral

інсульт

alergia

алергія

tosa

кашель

keintura

лихоманка

griep

грип

diarea

пронос

dolor di cabes

головна біль

cancer

рак

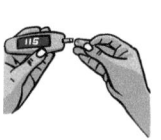

diabetes

діабет

ciruhano

хірург

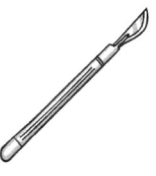

scalpel

скальпель

operacion

операція

CT

КТ

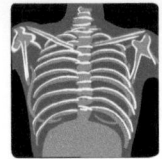

x-ray

рентген

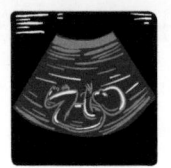

echo

ультразвук

masker contra stof

маска

malesa

хвороба

sala di espera

зал очікування

kruk

милиця

pleister

пластир

verband

пов'язка

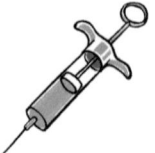

inyeccion

ін'єкція

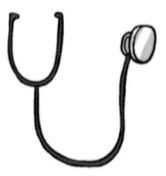

stetoscop

стетоскоп

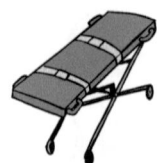

brancard

ноші

thermometer

термометр

nacemento

народження

sobrepeso

надмірна вага

hospital - лікарня

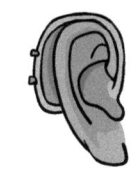

aparato pa oido

слуховий апарат

desinfectante

дезінфікуючий засіб

infeccion

інфекція

virus

вірус

HIV / AIDS

ВІЛ / СНІД

remedi

медицина

vacuna

вакцинація

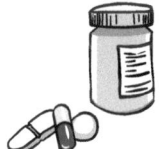

pilder

таблетки

pilder

протизаплідна пігулка

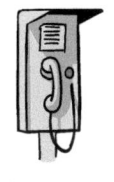

ada di emergencia

кстрений виклик

aparato pa midi presion

тонометр

malo / saludabel

хворий / здоровий

auxilio!

Допоможіть!

alarma

сигнал тривоги

atraco

напад

atake

атака

peliger

небезпека

salida di emergencia

аварійний вихід

candela

Вогонь!

brandspuit

вогнегасник

desgracia

аварія

caha di prome asistencia

аптечка

SOS

СОС

polis

поліція

Europa

Європа

Noord America

Північна Америка

Sur America

Південна Америка

Africa

Африка

Asia

Азія

Australia

Австралія

Oceano Atlantico

Атлантика

Oceano Pacifico

Тихий океан

Oceano Indio

Індійський океан

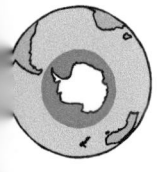

Oceano Antartico

арктичний океан

Oceano Artico

Північний Льодовитий
океан

Noordpool

Північний полюс

Zuidpool

Південний полюс

Antartica

Антарктика

mundo

Земля

tera

суша

lama

море

isla

острів

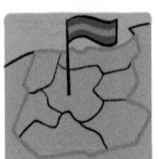

nacion

нація

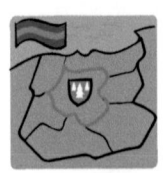

estado

держава

holoshi analog

циферблат

wijzer chikito

годинникова стрілка

wijzer grandi

хвилинна стрілка

wijzer di seconde

секундна стрілка

Cuant'or tin?

Котра година?

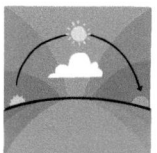

dia

день

tempo

час

awor

зараз

holoshi digital

цифровий годинник

minuut

хвилина

ora

година

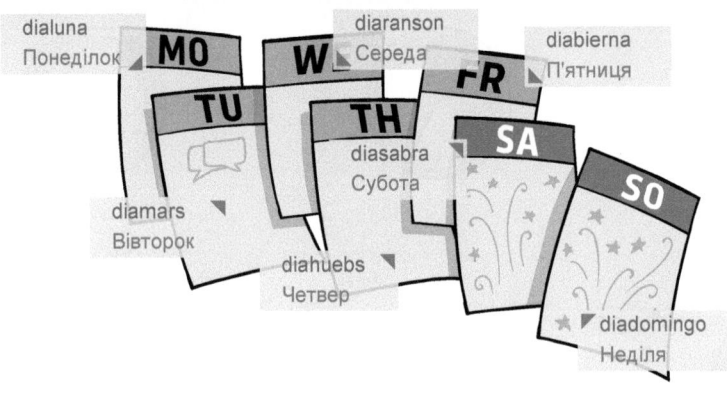

dialuna
Понеділок

diaranson
Середа

diabierna
П'ятниця

diasabra
Субота

diamars
Вівторок

diahuebs
Четвер

diadomingo
Неділя

ayera

вчора

awe

сьогодні

mañan

завтра

mainta

ранок

merdia

опівдні

anochi

вечір

MO	TU	WE	TH	FR	SA	SU
1	2	3	4	5	6	7
8	9	10	11	12	13	14
15	16	17	18	19	20	21
22	23	24	25	26	27	28
29	30	31	1	2	3	4

dia di trabou

робочі дні

MO	TU	WE	TH	FR	SA	SU
1	2	3	4	5	6	7
8	9	10	11	12	13	14
15	16	17	18	19	20	21
22	23	24	25	26	27	28
29	30	31	1	2	3	4

weekend

кінець робочого тижня

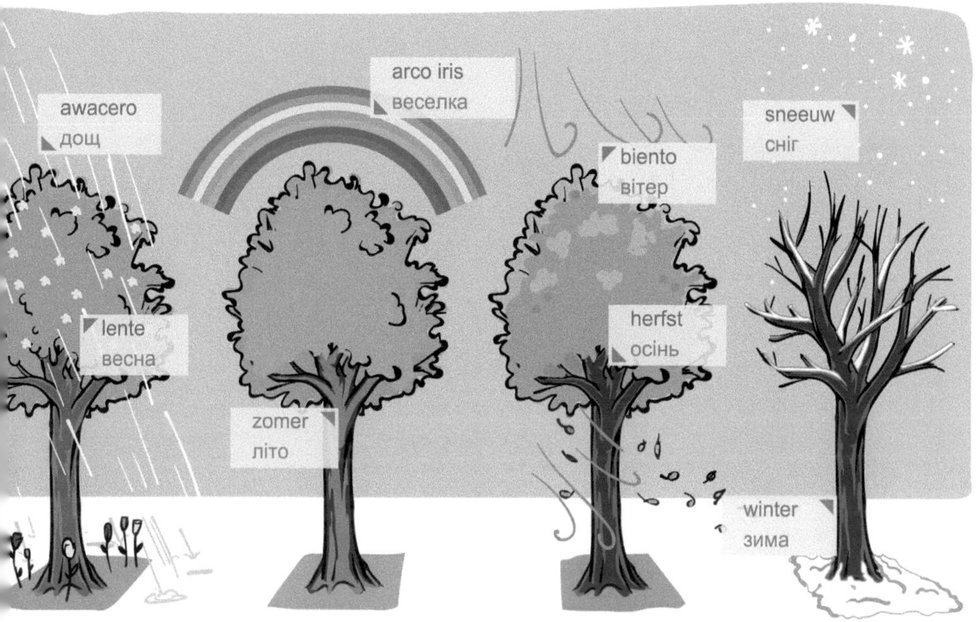

awacero
дощ

arco iris
веселка

biento
вітер

sneeuw
сніг

lente
весна

herfst
осінь

zomer
літо

winter
зима

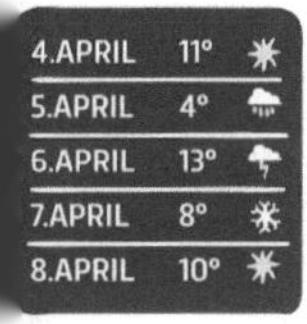

4.APRIL	11°	☀
5.APRIL	4°	
6.APRIL	13°	
7.APRIL	8°	❄
8.APRIL	10°	☀

...nostico di tempo

...рогноз погоди

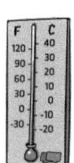

thermometer

термометр

solo ta briya

сонячне світло

nubia

хмара

neblina

туман

humedad

вологість повітря

lamper

блискавка

strena

грім

mal tempo

шторм

hagel

град

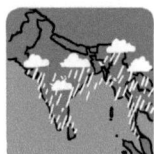

mal tempo

мусон

inundacion

повінь

ijs

лід

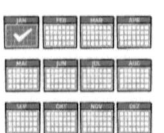

januari

Січень

februari

Лютий

maart

Березень

april

Квітень

mei

Травень

juni

Червень

juli

Липень

augustus

Серпень

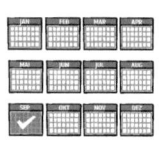

september
....
Вересень

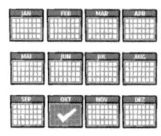

october
....
Жовтень

november
....
Листопад

december
....
Грудень

forma
форми

circulo
....
круг

cuadra
....
квадрат

rectangulo
....
прямокутник

triangulo
....
трикутник

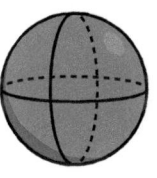

bol
....
куля

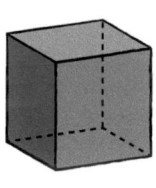

kubus
....
куб

blanco

білий

geel

жовтий

oraňo

помаранчевий

ros

рожевий

cora

червоний

biňa

фіолетовий

blauw

синій

berde

зелений

bruin

коричневий

shinishi

сірий

preto

чорний

hopi / tiki

багато / мало

rabia / trankil

лютий / мирний

bunita / mahos

гарний / бридкий

comienso / final

початок / кінець

grandi / chikito

великий / малий

cla / scur

світлий / темний

an homber / ruman muhe

брат / сестра

limpi / sushi

чистий / брудний

completo / incompleto

завершений /
незавершений

dia / anochi

день / ніч

morto / bibo

мертвий / живий

hancho / smal

широкий / вузький

comibel / incomibel

їстівний / неїстівний

gordo / flaco

товстий / тонкий

mal hende / bon hende

злий / дружній

prome / ultimo

спочатку / востаннє

ansioso / ferfela bo mes

збуджений / нудьгуючий

amigo / enemigo

друг / ворог

yen / bashi

повний / порожній

duro / moli

жорсткий / м'який

pisa / lihe

важкий / легкий

hamber / sed

голод / спрага

malo / saludabel

хворий / здоровий

ilegal / legal

незаконний / законний

inteligente / sabi

розумний / дурний

robes / drechi

вліво / вправо

cerca / leu

поруч / далеко

nobo / uza

вий / використаний

nada / algo

нічого / щось

bieu / jong

старий / молодий

cendi / paga

вкл / викл

habri / cera

відкрито / закрито

keto / duro

тихо / гучно

rico / pober

багатий / бідний

bon / fout

правильно / неправильно

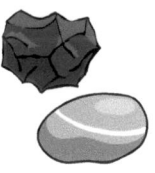

grof / liso

шорсткий / гладкий

tristo / contento

мний / щасливий

cortico / largo

короткий / довгий

pocopoco / lihe

повільно / швидко

muha / seco

ологий / сухий

cayente / friu

гарячий / холодний

guera / paz

війна / мир

числа

0

cero

нуль

1

un

один

2

dos

два

3

tres

три

4

cuater

чотири

5

cinco

п'ять

6

seis

шість

7

shete

сім

8

ocho

вісім

9

nuebe

дев'ять

10

dies

десять

11

diesun

одинадцять

12

diesdos

дванадцять

13

diestres

тринадцять

14

diescuatro

чотирнадцять

15

diescinco

п'ятнадцять

16

diesseis

шістнадцять

17

diesshete

сімнадцять

18

diesocho

вісімнадцять

19

diesnuebe

дев'ятнадцять

20

binti

двадцять

100

shen

сто

1.000

mil

тисяча

1.000.000

miyon

мільйон

Ingles

англійська

Ingles Mericano

американська англійська

Chines Mandarin

китайська
високочиновницька

Hindi

хінді

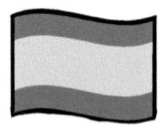

Spaño

іспанська

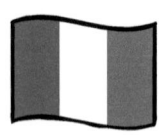

Frances

французька

Arabe

арабська

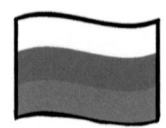

Ruso

російська

Portugues

португальська

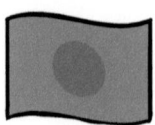

Bengal

бенгальська

Aleman

німецька

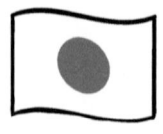

Hapones

японська

ami

я

abo

ти

e

він / вона / воно

nos

ми

boso

ви

nan

вони

ken?

хто?

kico?

що?

con?

як?

unda?

де?

ki ora?

коли?

nomber

ім'я

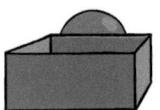

patras

ззаду

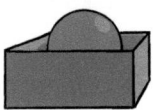

den

в

dilanti di

перед

ariba

над

riba

на

bou di

під

banda di

біля

entre

між

luga

місце